Título original: *Les mésaventuriers de la science*

Publicado mediante acordo com Makisapa (representada por Jim Jourdane).

Traduzido da edição em inglês, também publicada originalmente por Makisapa (*Fieldwork Fail: the messy side of science*).

Dados Internacionais de Catalogação na Publicação (CIP)
Angélica Ilacqua CRB-8/7057

Jourdane, Jim
Desventuras na ciência / texto e ilustrações de Jim Jourdane ; tradução de Bárbara Waida. -- São Paulo : Blucher, 2019.
78 p. : il., color.

ISBN 978-85-212-1382-6 (impresso)
ISBN 978-85-212-1383-3 (e-book)

Título original: Fieldwork fail

1. Ciência - Humor 2. Trabalho científico de campo - Humor 3. Paleontologia - Humor - Obras populares 4. Biologia - Humor - Obras populares I. Título. II. Groenendijk, Jessica. III. Waida, Bárbara.

18-1834 CDD 500

Índice para catálogo sistemático:
1. Ciência - Humor

Blucher

Jim Jourdane e 25 cientistas em apuros em...

DESVENTURAS NA CIÊNCIA

Texto e ilustrações: Jim Jourdane
Tradução: Bárbara Waida

Agradeço aos cientistas que arriscaram sua dignidade contando-nos histórias tão incríveis e que participaram da confecção deste livro.

Obrigado a Jess, Ninon, Marta, Delphine, Geoffroy, Claire, Alan, Ju, Sophian, Ben, Lou, Maya, Sylvain, Véro, Samuel, Thomas, minha família e todo mundo que incomodei durante esses meses de trabalho :)

E agradeço também a todos aqueles que participaram do financiamento coletivo e tornaram este livro possível!

Jim Jourdane

O QUE É UMA DESVENTURA?

Figura 1. Macaco: animal pertencente à ordem dos primatas.

Figura 2. Biólogo: cientista que estuda os seres vivos.

Figura 3. Trabalho de campo: quando um cientista estuda um espécime em seu ambiente.

Figura 4. Desventura: quando as coisas não acontecem como o planejado.

Lago Mesangat, Indonésia

Agata Staniewicz

Acidentalmente, eu me colei a um crocodilo enquanto fixava um radiotransmissor.

Estávamos tentando descobrir a distribuição dos crocodilos em Bornéu, na Indonésia.

O transmissor nos permite saber o tamanho da área de que os crocodilos precisam e como podem interagir com outras espécies no local (incluindo outras espécies de crocodilo).

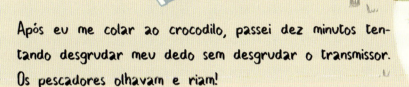

Após eu me colar ao crocodilo, passei dez minutos tentando desgrudar meu dedo sem desgrudar o transmissor. Os pescadores olhavam e riam!

Finalmente consegui, mas o crocodilo perdeu o transmissor em menos de 24 horas :(

COMO COLAR UM TRANSMISSOR EM UM CROCODILO

1) Capture o crocodilo e certifique-se de que sua boca esteja fechada e presa (geralmente com fita adesiva ou um elástico).
2) Cubra os olhos do crocodilo para reduzir seu estresse.
3) Alguém precisa segurar o crocodilo (ou sentar nele, se for um dos grandes) para assegurar que ele não se debata nem role.
4) Tire todas as medidas, marque o crocodilo e fixe o transmissor. Faça tudo isso o mais rápido possível, já que o crocodilo não está sedado nem dormindo!

Alayne Fronimos

Investi em uma tenda camuflada para observar aves se alimentando. Descobri que aves de áreas suburbanas têm muito menos medo do meu carro vermelho.

Observamos aves em jardins, parques, restaurantes e igrejas, com foco nas pombas-de-asas-brancas (*Zenaida asiatica*) porque são caçadas no Texas, então sua ecologia é de interesse do estado. Além disso, estão migrando do México para o norte, então estamos investigando se essa expansão da distribuição afeta as espécies de aves locais.

Experimentei a tenda em minhas observações de teste e simplesmente não funcionou. As aves tinham muito medo dela. Às vezes, eu acabava sentando no meu carro; outras vezes, apenas sentava a certa distância, pois as aves me ignoravam, já que estavam acostumadas com humanos.

COMO OBSERVO AVES

1. Eu encho bandejas com sementes para aves.

2. Depois espero as aves se acostumarem com a minha presença.

3. Filmo por meia hora com uma câmera HD...

4. ... anoto qualquer coisa que aconteça e registro a temperatura e o clima.

5. Em casa, uso os vídeos para mais estudos:
- Que espécies passam mais tempo no comedouro?
- Quando há competição entre duas espécies, qual delas vence?

Embora as pombas simbolizem a paz, as pombas-de-asas-brancas demonstraram ser uma das espécies mais dominantes e agressivas nos nossos comedouros!

Lilia Illes

Segui um bugio até uma árvore. Descobri um heliponto e uma pilha de AK-47. Encontrei um acampamento de traficantes.

Eu estava estudando como os *habitats* dos bugios foram fragmentados por atividades humanas como agricultura, colonização e turismo. Quando localizei um adorável macho, passei a segui-lo constantemente.

Sua última parada foi em uma bela figueira cheia de frutos. Eu olhava para cima, focando o macaco. Quando olhei para baixo, vi meia dúzia de rifles automáticos, um pequeno heliponto perfeito e uma doca para barcos. Eles estavam tão bem escondidos que não apareciam nas imagens de satélite.

Então olhei em volta, vi alguns homens e percebi em que eu havia tropeçado. Quando eles se aproximaram, eu fingi ignorância e dei início à minha melhor atuação de turista confusa, sorrindo e apontando para o macaco. Pedi desculpas por incomodá-los e saí de lá na hora.

Conforme o *habitat* dos bugios se torna fragmentado, eles interagem mais com a população humana. Comem plantações e entram em áreas turísticas. Fazendeiros e responsáveis por hotéis consideram os macacos um incômodo e, infelizmente, atiram neles.

As vocalizações profundas do bugio são sua característica mais marcante. Podem ser ouvidas a 5 km de distância.

Esse som alto é resultado da mandíbula profunda e da laringe aumentada do macaco, o que cria uma câmara de ressonância.

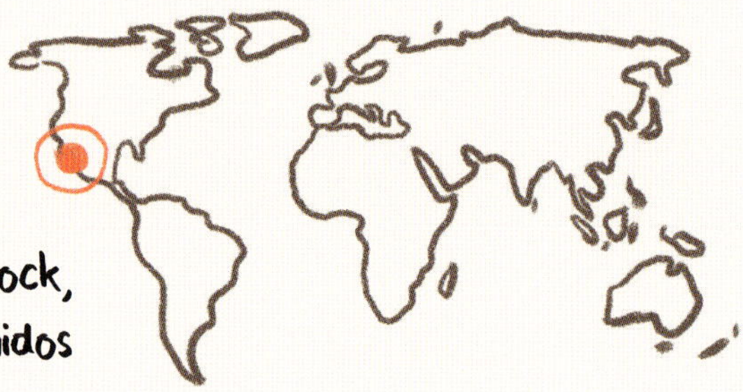

Cânion Red Rock,
Califórnia, Estados Unidos

Trevor Valle

Lambi um pequeno objeto para verificar se era fóssil ou rocha. Fóssil. Grudou na língua. Tive um ataque de tosse por causa da poeira. Inspirei abruptamente. Engoli o fóssil.

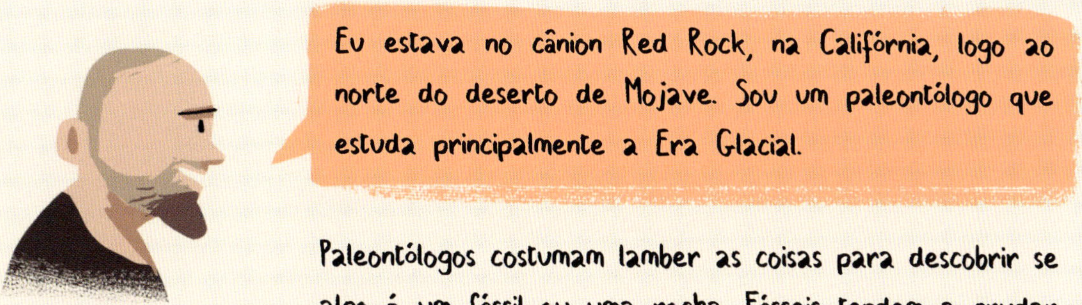

Eu estava no cânion Red Rock, na Califórnia, logo ao norte do deserto de Mojave. Sou um paleontólogo que estuda principalmente a Era Glacial.

Paleontólogos costumam lamber as coisas para descobrir se algo é um fóssil ou uma rocha. Fósseis tendem a grudar na língua.

Quando faço trabalho de campo, geralmente faço uma pesquisa geológica, procuro novos sítios paleontológicos ou cavo em uma pedreira.

Às vezes, trabalho em canteiros de obra. Isso é mais perigoso, pois tenho de entrar e sair de trincheiras e fossos enquanto tento ficar fora do caminho de máquinas enormes.

Meus equipamentos:
Boas botas de caminhada, uma mochila em estilo militar com uma bolsa de hidratação, martelos geológicos, instrumentos para escavação, escovas, cadernos de registro, bússola, aparelho de GPS e excelente equipamento de proteção.

COMO LAMBER UM FÓSSIL

por Trevor Valle

Como um paleontólogo de campo, encontro fósseis em canteiros de obra ativos e evito que sejam destruídos.

1) Acesse o fóssil

Você não precisa apenas escapar de máquinas enormes, também deve lidar com o fechamento do canteiro de obra para recuperar qualquer fóssil encontrado!

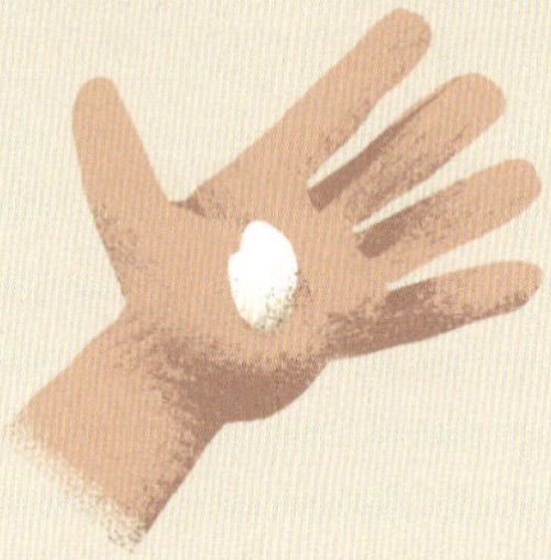

2) Encontre um fóssil em potencial

Cor, forma, textura visível... Se acha que pode ser um fóssil, você deve pegar e testar. Certifique-se de assoprar todo o pó antes!

3) Faça o teste da lambida

Umedeça sua língua. Encoste o fóssil nela. Grudou na sua língua?

SIM → Fóssil!

NÃO → Rocha!

A textura porosa e "esponjosa" de um osso de dinossauro permanece intacta apesar de ele ter se tornado um fóssil. Então, a umidade da sua língua é sugada.

OSSOS VELHOS

As pessoas geralmente se enganam sobre a idade das coisas. Por exemplo, o tiranossauro e o tricerátops viveram em uma época mais próxima à dos humanos e dos mamutes que à de um estegossauro!

Além disso, muitas pessoas acham que qualquer esqueleto antigo em um museu é um dinossauro! Os dinossauros viveram na Era Mesozoica e eram terrestres. Então pterossauros, dimetrodontes e mosassauros não são dinossauros!

Fósseis, para mim, são mais que evidências de vida antiga. Eles são resquícios de um tempo remoto sobre o qual os humanos não sabem. Gosto de dizer que fósseis são chaves para destrancar as portas do futuro.

Parque Nacional dos Vulcões (Kilauea), Havaí, Estados Unidos

Jessica Ball

Na primeira vez que caminhei sobre um fluxo de lava ativo, no Havaí, derreti as solas das minhas botas. Depois, andei na água e elas encolheram.

Eu estava no Parque Nacional dos Vulcões, no Havaí, observando fluxos de lava ativos em uma excursão da faculdade.

O calor da lava é incrível. Mas, ao entrar em contato com o ar, ela esfria imediatamente e forma uma crosta que, quando resfriada o suficiente, permite caminhar de forma segura sobre ela...

... contanto que você não pare no mesmo lugar por muito tempo!

Há vulcões em todos os sete continentes, e muitos mais no fundo dos oceanos.

Vulcões são encontrados em todo o Sistema Solar. Encélado tem criovulcões que soltam gelo!

A palavra "vulcão" vem de Vulcano, o deus do fogo, dos vulcões e da metalurgia na mitologia romana.

O monte Erebus, um vulcão na Antártida, solta lava cheia de cristais de feldspato do tamanho da palma da sua mão.

Perthshire,
Escócia

Andy Baader

Fiquei muito animado ao encontrar alguns ossos em uma trincheira, pensando que fosse um sambaqui. Então, surgiu uma embalagem do KFC.

A escavação era em Perthshire, na Escócia. Como arqueólogos, estávamos procurando assentamentos medievais antigos do período em que o país se tornou uma entidade política única.

Sambaquis são pilhas antigas de lixo que contêm restos de comida, ferramentas e itens quebrados. Podem nos dizer muito sobre o que as pessoas comiam e o que era produzido no local. Por isso fiquei tão animado ao encontrar ossos!

A parte mais difícil da arqueologia de campo é também uma de suas vantagens. Você trabalha ao ar livre em algumas das partes mais bonitas do mundo. Porém, pode ser em um calor escaldante, que vai queimá-lo e transformar o solo em poeira, ou sob chuva torrencial, que vai inundar suas trincheiras.

Geralmente, aquilo que os arqueólogos encontram conta uma história mais verdadeira do passado que os registros históricos. Isso porque as pessoas tendem a escrever apenas o que é bom sobre si mesmas e o que é ruim sobre seus inimigos.

Cylita Guy

Quando você percebe que o morcego que estava rastreando por rádio é, na verdade, o bipe do sinal de pedestres...

Eu estava rastreando morcegos em áreas residenciais perto do High Park, em Toronto. Nós estávamos tentando entender como os morcegos usam o espaço em ambientes urbanos - onde se alimentam à noite e onde se empoleiram de dia.

Compreender como os animais selvagens usam o espaço em ambientes urbanos pode nos ajudar a planejar melhor locais de áreas verdes no futuro.

Rastreamos morcegos usando uma antena fixada a um receptor de rádio. A antena captura sinais de radiofrequência de etiquetas coladas nas costas dos morcegos. Seguimos esses sinais para tentar achar nosso morcego.

No entanto, também temos um monte de interferência quando nossa antena captura outros sinais - como de pedestres e de telefones. Às vezes, literalmente ouvimos vozes!

Quando as pessoas nos veem com nossa grande antena, geralmente fazem piadas, como nos dizer que a biblioteca tem *wi-fi* grátis! Essas brincadeiras levam a conversas ótimas sobre a nossa pesquisa. Muitas vezes, as pessoas não se dão conta de que há morcegos na cidade - muito menos em seus próprios jardins.

EU AMO MORCEGOS!

por Cylita Guy

Há cerca de 1.300 espécies de morcegos. Isso é um quarto de todas as espécies de mamíferos!

Morcegos são encontrados em todo lugar, menos no Ártico e na Antártida.
Alguns exemplos de espécies são:

Morcego-branco--das-honduras (*Ectophylla alba*) "Bola de pelos"

Morcego frugívoro de nariz curto (*Cynopterus sphinx*) "Não sou um cachorro!"

Morcego cara de fantasma (*Mormoops megalophylla*) "Cara estranha"

Morcego-orelhudo (*Myotis septentrionalis*) "É para te escutar melhor, minha netinha"

O maior morcego (*Acerodon jubatus*) tem uma envergadura de 2 metros...

... enquanto o menor, o morcego-abelha (*Craseonycteris thonglongyai*), pesa o mesmo que uma moeda!

Apenas três espécies de morcego se alimentam de sangue... os morcegos-vampiros.

Os morcegos são os únicos mamíferos que voam. A maioria das espécies (mas não todas!) usa a ecolocalização para voar pelos ambientes.

Morcegos comem qualquer coisa. A maioria come insetos, mas há aqueles que comem frutas, néctar, pequenos mamíferos, aves e até peixes!

Alguns morcegos podem comer o equivalente a seu próprio peso ou mais em uma noite!

Por conta de tamanho apetite, os morcegos ajudam a manter as populações de insetos sob controle.

Morcegos fazem outras coisas ótimas para o meio ambiente: são importantes polinizadores e dispersadores de sementes.

Parque Nacional Tsavo Leste, Quênia

Tara Easter

Vesti o macacão para me aproximar de uma colmeia com abelhas raivosas. Prendi formigas-safári dentro do macacão...

Elefantes muitas vezes comem e pisoteiam plantações inteiras na África. Como resultado, as pessoas têm medo deles e não querem protegê-los.

Mas uma bióloga, a doutora Lucy King, descobriu que os elefantes têm medo de abelhas. Quando ouvem o barulho de abelhas, avisam a manada do perigo e deixam a área.

Então, ela começou a construir cercas de colmeias ao redor de fazendas em áreas de passagem de elefantes. Uma cerca de colmeias é uma série de colmeias ligadas umas às outras por um fio. Quando um elefante toca o fio, as colmeias são balançadas, agitando as abelhas, o que espanta o elefante.

Eu precisava consertar uma colmeia danificada por uma tempestade na noite anterior. De alguma maneira, formigas-safári entraram no meu macacão e começaram a morder. Ai!

Delta do Okavango,
Botsuana

Simon Dures

Estava reproduzindo sons de búfalos machucados para atrair leões. Acidentalmente, toquei *Back in Black*, do AC/DC. *Riffs* de guitarra ensurdecedores = nenhum leão.

Eu estava no delta do Okavango, em Botsuana. Uso genética como ferramenta para tentar entender o estado de conservação dos leões nessa área.

Moro em um Land Rover e uso uma espingarda de pressão para lançar dardos de biópsia que cortam uma pequena amostra de pele do leão e caem imediatamente. Depois, uso a amostra para extrair o DNA.

Não uso drogas veterinárias, então preciso ser muito cuidadoso quando desço do carro para coletar os dardos, caso ainda haja algum leão por perto!

Amo desenvolver modos de responder a perguntas desafiadoras. Isso, combinado com muito tempo ao ar livre e muitas histórias para contar em volta da fogueira, torna meu trabalho imensamente gratificante. Exceto quando volto para o Reino Unido e tenho de passar tempo demais no laboratório na frente de um computador!

Quando tenho dificuldade para encontrar leões, coloco um alto falante em uma árvore e reproduzo sons que os atraem de uma distância de até 4 km.

MÚSICAS FAVORITAS PARA LEÕES

1) Filhote de búfalo em perigo
2) Fêmeas rosnando
3) Machos rosnando
4) Hiena em volta de uma presa
5) AC/DC não!

Gainesville, Flórida,
Estados Unidos

Ambika Kamath

Um lagarto que escapava da captura havia semanas pulou na minha cabeça e desceu pelo meu corpo inteiro. Mesmo assim, não consegui capturá-lo.

Eu estava em um parque em Gainesville, na Flórida. É um parque para cães, e tinha gente olhando para nós enquanto capturávamos e observávamos lagartos.

Para capturar lagartos, usamos uma vara de pescar retrátil. Uma linha de pesca na ponta da vara faz um pequeno laço em volta do pescoço do lagarto.

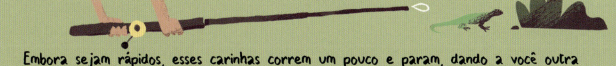

Embora sejam rápidos, esses carinhas correm um pouco e param, dando a você outra chance de pegá-los se errar.

Os anólis têm uma dobra de pele colorida embaixo da garganta, chamada papada, que usam para se comunicar uns com os outros.

Eles estendem e retraem essa dobra rapidamente, ao mesmo tempo que fazem acenos de cabeça e flexões de braço.

ACADEMIA DOS ANÓLIS
TREINO DE LINGUAGEM CORPORAL
Flexões - 10 repetições

Descanse 20 segundos e repita!

Eles também têm grandes placas nos dedos com pequenas saliências que permitem que grudem em todos os tipos de superfície! Como os gecos, os anólis são bons escaladores!

Papadas - 10 repetições

Província de Guanacaste,
Costa Rica

Christopher Schmitt

Peguei dengue. Tentei seguir os macacos mesmo assim. Comecei a delirar. Escrevi em élfico nas minhas calças de trilha.

Eu era assistente de campo em Lomas de Barbudal, uma reserva florestal na Costa Rica. Estávamos estudando o desenvolvimento das tradições comportamentais em macacos-prego-de-cara-branca.

Sou um grande *nerd*. Estava relendo *O senhor dos anéis* e aprendendo a escrever foneticamente em *quenya* (élfico) quando fiquei doente.

("macacos são demais",
escrito em *quenya*)

Quando peguei dengue, pensei que apenas teria uma febre e estaria tudo bem se continuasse trabalhando. Mas meus sintomas pioraram muito rapidamente.
Foi quando meus olhos começaram a doer que soube que havia algo muito errado. O delírio veio devagar, e fui percebendo o que estava acontecendo.

Por sorte, havia ótima assistência médica na cidade (a 30 minutos da floresta). Disseram que eu deveria ingerir líquidos e ficar de olho nos sintomas.

Macacos são divertidos de observar, o que torna o trabalho de campo mais fácil.

Macacos-prego-de-cara-branca têm tradições culturais como os humanos e os chimpanzés. Minha favorita é uma conhecida como "cheira-mão", em que dois macacos põem seus dedos no nariz, na boca e até nos olhos um do outro!

7 COISAS QUE APRENDI EM 60 MESES DE TRABALHO DE CAMPO

por Christopher Schmitt

"Equipamento robusto" não é robusto o suficiente para elefantes.

Pontes nem sempre fazem o que devem fazer. Principalmente em épocas de chuva.

Se for tentar tirar uma *selfie* com uma anta, cuidado com seus óculos.

Quando estiver medindo o tamanho dos testículos de um macaco-vervet, certifique-se de que um javali não esteja comendo seu pé.

Antes de procurar macacos por seis horas em um clima quente e úmido, verifique se não estão no seu acampamento.

Se pretende coletar amostras biológicas de macacos-barrigudos, feche a boca.

Muitas coisas podem fazer você rolar por um barranco, rasgar suas calças e se bater. Mas quase sempre são formigas.

MACACOS DE ESTIMAÇÃO

Se você gosta da ideia de ter um macaco como animal de estimação, talvez não conheça macacos bem o suficiente.

Macacos não são bons animais de estimação, e o tráfico de animais é uma das razões pelas quais alguns primatas estão ameaçados de extinção.

As pessoas não sabem como os macacos são capturados: a mãe geralmente é morta para que se chegue aos filhotes, que são arrancados de seu ambiente e vendidos como animais de estimação.

Como os seres humanos, muitas espécies de macacos têm relações e culturas complexas.

Tratá-los como animais de estimação é tão prejudicial quanto privar uma criança de suas necessidades sociais e de desenvolvimento.

Diederik Strubbe

Estava usando um binóculo para contar periquitos invasores empoleirados na sede da OTAN. Fui preso pela equipe de segurança.

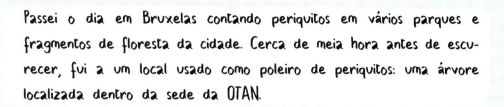

Passei o dia em Bruxelas contando periquitos em vários parques e fragmentos de floresta da cidade. Cerca de meia hora antes de escurecer, fui a um local usado como poleiro de periquitos: uma árvore localizada dentro da sede da OTAN.

Parei não muito longe da cerca da base da OTAN, e estava usando uma estrutura de blocos de concreto para ganhar altura e examinar a área.

De repente, eu me vi rodeado de seguranças privados. Eles me mandaram descer e perguntaram o que eu estava fazendo ali. Enquanto explicava, tive a impressão de que acharam que eu estava brincando, zoando com eles. Chamaram um grupo de soldados.

Eles inspecionaram minha mochila, pegaram o binóculo por um instante, abriram meu caderno - que não entenderam.

Um oficial mais graduado me disse que os periquitos já tinham voado para o sul por causa do inverno. Muito engraçado, já que periquitos são aves residentes e eu podia ouvir milhares piando naquele momento :)

A presença de psitaciformes* em Bruxelas remonta a 1974, quando um diretor de zoológico libertou cerca de quarenta aves. Desde então, a população na cidade tem aumentado. Contagem em locais usados como poleiro é o método ideal de monitorar o crescimento das populações de periquitos.

Nosso estudo concluiu que dificilmente os periquitos vão se espalhar da cidade para áreas rurais. São aves muito chamativas - verdes, barulhentas e atraídas por humanos -, mas, até agora, não tiveram grande impacto ecológico.

* Ordem de aves que inclui pássaros como papagaios, periquitos e cacatuas.

Parque Nacional Kruger,
África do Sul

Gayle Pedersen

Estava na savana discutindo comportamento com um especialista em rinocerontes quando vi um rinoceronte-branco nos rastreando! Nós nos escondemos atrás de uma árvore... em que ele fez xixi.

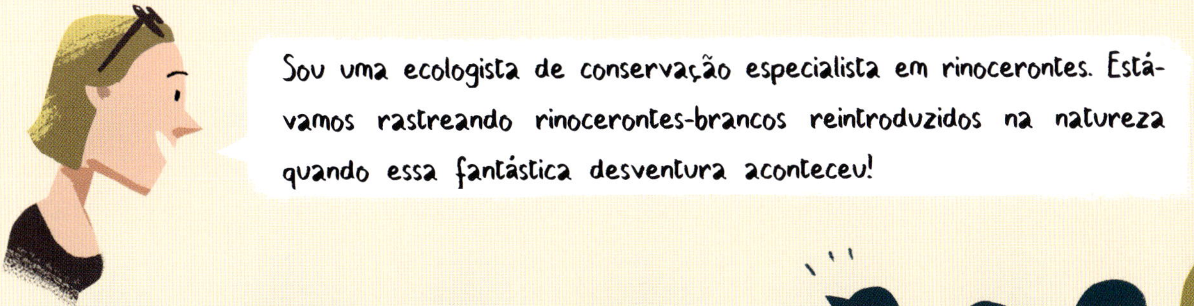

Sou uma ecologista de conservação especialista em rinocerontes. Estávamos rastreando rinocerontes-brancos reintroduzidos na natureza quando essa fantástica desventura aconteceu!

Sabíamos mais ou menos onde um rinoceronte-branco dominante estava, tínhamos rastreado o animal por horas sob o sol escaldante. De repente, vimos que ele estava se aproximando. Todos pulamos atrás de uma árvore mopane não muito fora da trilha... e o rinoceronte andou direto até lá! Ele soltou um jato de urina na árvore para marcar seu território e saiu de lá.

Historicamente, os rinocerontes se distribuíram por vastas áreas da África e da Ásia...

... mas agora estão reduzidos a poucas e pequenas populações espalhadas, por causa da caça legal e predatória.

Os rinocerontes enxergam muito mal, mas seu olfato e sua audição são muito bons.

Geralmente servem de bufês ambulantes para pica-bois-de-bico-vermelho; as aves comem carrapatos e insetos do corpo do rinoceronte.

Parque Nacional de Manu,
Peru

Roxana Arauco

Atraquei o barco na margem do rio. Chuva pesada, enchente, barco afundado. Nove meses, duas bombas e um exército de alunos foram necessários para tirar *La Linda* da areia.

Sou coordenadora científica e gerente de campo da Estação Biológica Cocha Cashu, no sudeste do Peru. Cocha Cashu é única porque fica em uma vasta região impactada minimamente pelo homem. Isso nos oferece *insights* importantes sobre a biodiversidade e os processos de uma floresta tropical saudável e intacta.

Pesquisadores vêm de todo o mundo realizar trabalho de campo aqui. Eles estudam primatas, aves, composição da floresta, entre outras coisas. Nós também temos um curso de campo anual sobre ecologia tropical para estudantes peruanos.

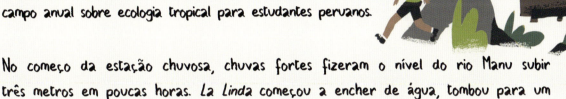

No começo da estação chuvosa, chuvas fortes fizeram o nível do rio Manu subir três metros em poucas horas. *La Linda* começou a encher de água, tombou para um lado, e a água do rio a inundou. Afundou quase imediatamente.

Nós tivemos de esperar até a estação seca para poder recuperá-la da areia e da água. Foi necessário o esforço conjunto de todos os alunos e funcionários da estação biológica, mais duas bombas, muitos baldes e pás e HORAS escavando e puxando. No fim, desenterramos *La Linda* intacta!

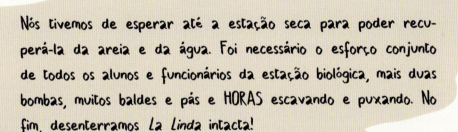

A estação biológica não tem apenas alunos e cientistas. Também tem cozinheiros, pilotos, administradores, amigos. Sem todas essas pessoas, nada funcionaria.

Cashu é um lugar excepcional. Não há barreiras entre a natureza e a estação.
Gosto de suas manhãs cacofônicas, de seus pores do sol serenos, de suas furiosas chuvas e trovoadas e de descobrir o quanto é fácil compartilhar tudo isso.

Reserva Timbavati,
África do Sul

Marissa Parrott

Babuínos roubaram nosso último rolo de papel higiênico e o usaram para decorar uma árvore muito, muito alta.

Eu estava na linda região de Timbavati, na África do Sul. Estávamos aprendendo como trabalhar com comunidades locais para tratar de assuntos relacionados à vida selvagem, incluindo caça de espécies ameaçadas, saúde dos animais selvagens e conflitos entre humanos e esses animais.

Levamos o roubo do nosso papel higiênico com bom humor. É difícil não rir em situações como essa!

PAPÉIS HIGIÊNICOS ALTERNATIVOS

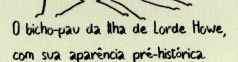

A) Uma espécie de acácia conhecida como "árvore de papel higiênico", por causa de suas folhas macias. Mas as folhas estavam cobertas de formigas!

B) Fizemos lenços de papel e guardanapos durarem até que alguns membros da equipe pudessem comprar papel higiênico.

Agora trabalho na Austrália. Minhas partes favoritas do meu trabalho são estar com pessoas tão incríveis, apaixonadas e dedicadas à conservação e ter ocasiões especiais em que devolvemos os animais para a natureza - não há sentimento melhor!

ALGUMAS ESPÉCIES AUSTRALIANAS QUE EU AMO:

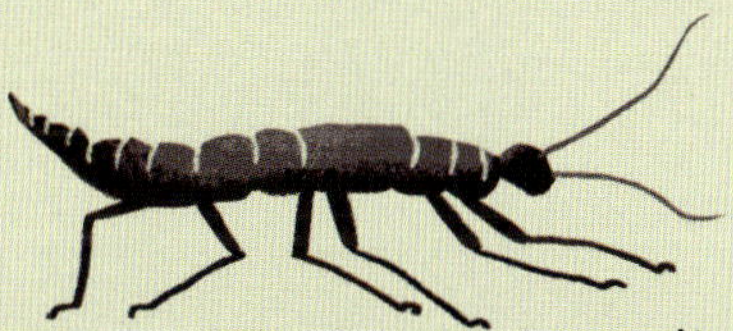

O bicho-pau da Ilha de Lorde Howe, com sua aparência pré-histórica.

O amável gambá-pigmeu-da-montanha.

O minúsculo sapo-corroborre.

O tímido, mas forte, diabo-da-tasmânia.

Porém, sempre vou ter um carinho especial pelos babuínos. Eles são macacos muito inteligentes e atrevidos!

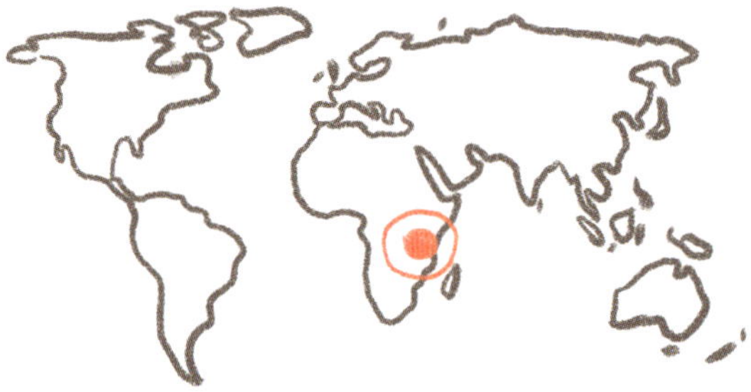

Parque Nacional de Serengeti,
Tanzânia

Anne Hilborn

Quando você está recolhendo cocô de guepardo e derruba um pouco em si mesma.

Eu estava trabalhando como assistente de pesquisa para o Projeto Guepardo de Serengeti. Nosso objetivo era descobrir quais guepardos machos tinham filhotes.

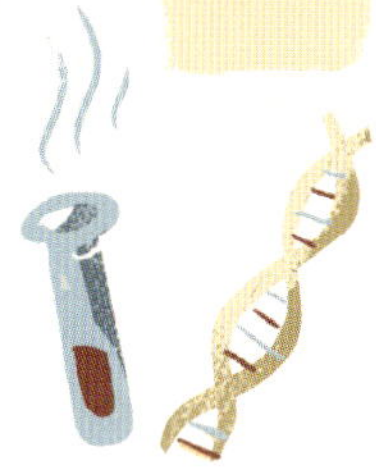

Coletávamos fezes do maior número possível de guepardos para extrair DNA. Colocávamos as amostras em tubos com etanol e, depois, as enviávamos para um laboratório para terem o DNA analisado.

Meu dia típico começava com o nascer do sol. Os guepardos não são marcados nem encoleirados, então eu dirigia até os topos das colinas e observava com um binóculo, esperando avistar algum. Quando via um, dirigia devagar na direção dele, até chegar perto o suficiente para tirar fotos de identificação.

Com boas fotos, conseguiria fazer a correspondência com cartões de identificação que levava no carro e descobrir quem tinha encontrado. Depois, esperaria o guepardo fazer cocô, se ainda precisasse da amostra, ou iria embora para procurar mais guepardos.

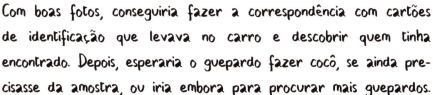

Sempre amei animais, e ficar em meio à natureza observando e quebrando a cabeça sobre o comportamento animal é o que me atrai à biologia de campo.

Desventuras tornam o bate-papo com outros biólogos muito mais fácil. Sempre que surge a ameaça de um silêncio constrangedor, simplesmente pergunto qual a melhor desventura pela qual eles já passaram enquanto faziam trabalho de campo. Funciona especialmente bem com cientistas mais experientes porque costumam ter um monte de histórias ótimas!

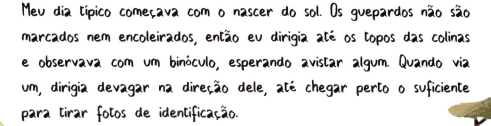

GUEPARDOS SÃO INCRÍVEIS!

por Anne Hilborn

Serengeti é um enorme parque nacional na Tanzânia, na África Oriental. O parque é cheio de diferentes espécies carnívoras, mas vamos falar dos guepardos.

Embora pareçam iguais a princípio, todos os guepardos têm padrões de mancha diferentes.

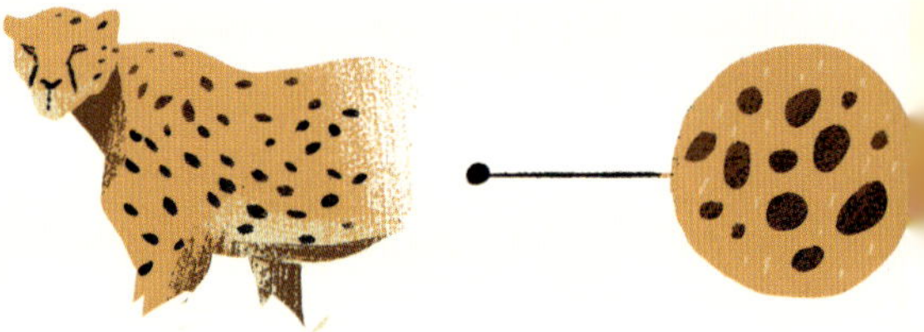

Esses padrões, como as impressões digitais humanas, são muito úteis para identificar indivíduos.

O guepardo é o mamífero terrestre mais rápido que existe, consegue atingir uma velocidade de 103 km/h. Mas não consegue manter essa velocidade por muito tempo, então a maioria de suas perseguições dura menos de 30 segundos.

Filhotes de guepardo nascem pequenos e fofinhos, com um moicano branco e o corpo escuro.

Guepardos são constituídos para velocidade, não para força. Comparada com a de outros predadores, a mandíbula do guepardo não é muito poderosa.

Por conta de sua constituição delgada, suas garras pouco afiadas e sua mandíbula pequena, os guepardos não são capazes de defender suas presas de outros predadores. Cerca de 10% dos animais abatidos por guepardos são roubados por leões e hienas.

MAS AS HIENAS SÃO ÓTIMAS TAMBÉM!

Das espécies carnívoras encontradas no Serengeti, a hiena tem uma reputação muito ruim com a opinião pública. Eu vou heroicamente tentar fazer você amar hienas, apesar de tudo que *O Rei Leão* te fez pensar sobre elas!

As percepções das pessoas sobre os mamíferos africanos são fortemente formadas pelo filme *O Rei Leão*.
As pessoas veem javalis e gritam "PUMBA!". Tudo bem, filmes da Disney não tentam representar a realidade, mas, para o bem ou para o mal, influenciam o que as pessoas pensam sobre os animais.

Quando as pessoas veem hienas em volta de um leão com uma presa, presumem que estão em busca de restos. Mas hienas são caçadoras muito capazes, sozinhas ou em grupo. Em grupo, conseguem abater presas grandes, como gnus e zebras.

Com frequência, o leão rouba a presa delas. E as hienas ficam esperando para recuperá-la.

O Rei Leão não diz isso, mas leões roubam comida. Leões roubam muita comida. Muitas vezes, de hienas.

Hienas não são más!!! São animais incríveis e maravilhosos.

Rio Susquehanna,
Pensilvânia, Estados Unidos

Jeff Stratford

Libertei um pintassilgo, Mr. Flappy, que foi imediatamente capturado por um falcão na frente de 24 pré-adolescentes horrorizadas.

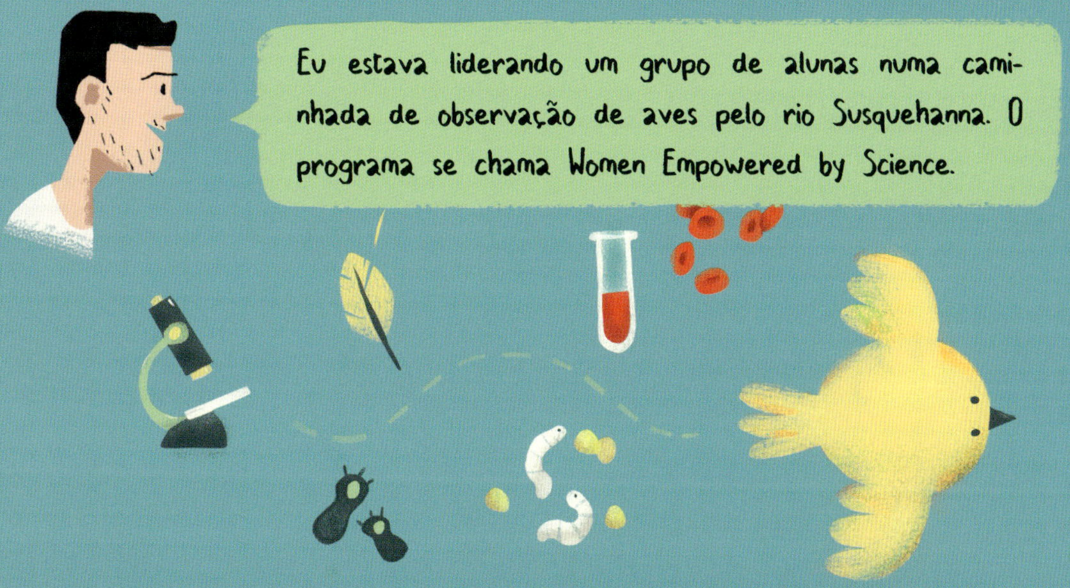

Depois de pegar as aves, coleto uma pequena amostra de sangue para estudo dos parasitas. Ultimamente, tenho pesquisado dietas e, para isso, preciso de penas da cauda além da amostra de sangue. Todas as aves são soltas e geralmente as recapturamos em anos sucessivos.

A professora reclamou com o chefe do departamento, dizendo que não havíamos garantido a segurança das aves. Isso é verdade, mas como você evita que falcões comam pássaros? Falcões consomem milhares deles ao longo da vida, e apenas calhou de nós testemunharmos um desses momentos.

Realizei pesquisas na Amazônia brasileira, nas florestas de coníferas do Alabama e nas antigas florestas de Poconos. Porém, meus momentos favoritos são os que passo capturando pássaros para crianças no nosso parque urbano local.

Parque Nacional de
Manu, Peru

Orlando Zegarra

Cutuquei um tronco estranho em uma trilha com meu machete. O tronco fez barulho. Era um jacaré-açu de 5 metros.

Eu saí à noite pelo sistema de trilhas da Estação Biológica Cocha Cashu para verificar redes de neblina usadas para capturar morcegos. Enquanto andava, vi um galho muito estranho e toquei nele com meu machete.

O que pensei ser um tronco era, na verdade, o rabo do maior jacaré-açu que eu já tinha visto. Levantei minha cabeça e vi o animal me encarando.

Corri de volta para a estação, porque ninguém acreditaria em mim se não vissem com os próprios olhos. Então, nos aproximamos do jacaré novamente. Mais rápido que um raio, ele rodou para ficar de frente para nós. Quase tivemos um treco!

Como estudo morcegos, geralmente vejo outros animais noturnos nas trilhas. Em Cocha Cashu, eu vi muitas cobras e jaguatiricas.

Jacarés-açus são os maiores predadores da América do Sul.

A maioria dos adultos tem entre 3 e 4 metros de comprimento, mas alguns machos mais velhos podem ter mais de 5 metros!

Podem comer aves, peixes e, às vezes, até cervos e sucuris.

A pele negra deles os ajuda a se esconder em caçadas noturnas.

Parque Nacional Etosha, Namíbia

Carrie Cizauskas

Quando você está transportando suas amostras em um avião e 65 frascos de sangue de elefante explodem na sua mala.

Em Etosha, há epidemias anuais de antraz entre zebras e elefantes. Alguns pesquisadores estavam colocando coleiras rastreadoras nos elefantes para descobrir aonde iam e como usavam recursos.

Quando esses animais eram anestesiados, eu coletava amostras de fezes para analisar parasitas e de sangue para procurar anticorpos contra antraz.

É comum transportar amostras (com as devidas licenças, é claro!) na bagagem despachada. Eu descobri o problema quando fui tirar minhas amostras da mala para colocá-las no laboratório. Uma bela bagunça, mas havia sobrado o suficiente para fazer minha pesquisa!

FATOS SOBRE PARASITAS

por Carrie Cizauskas

Algumas estimativas sugerem que 70% a 80% de todas as espécies animais são parasitas, o que torna o parasitismo a estratégia de consumo mais comum na Terra.

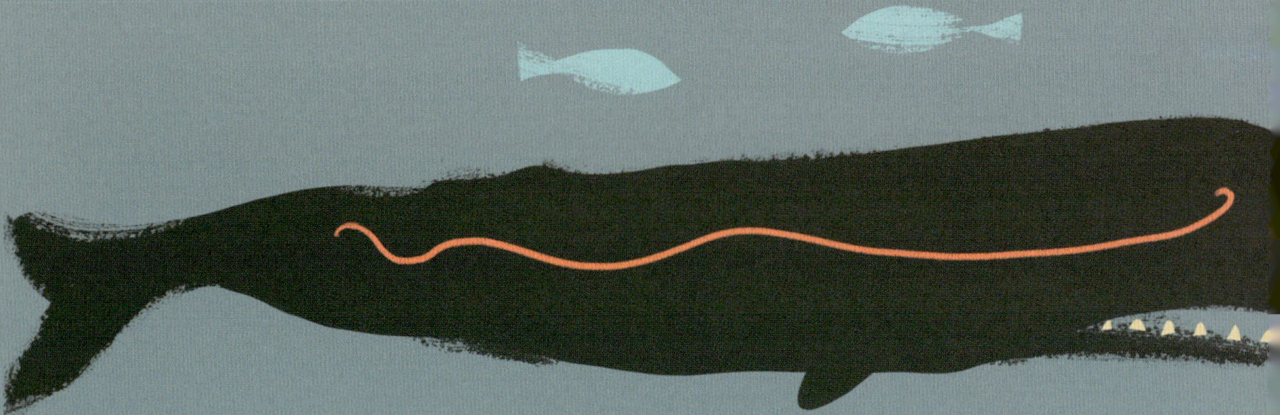

Um dos maiores parasitas conhecidos é o nematódeo *Placentonema gigantissima*, que infecta baleias cachalotes. As fêmeas do verme podem chegar a ter mais de 8 metros de comprimento!

A maioria dos ectoparasitas (como piolhos, sanguessugas ou carrapatos que vivem no exterior do hospedeiro) hospeda seus próprios parasitas.

O *Loa loa* pode viver até vinte anos dentro de olhos humanos.

ZUMBIS

Alguns parasitas podem alterar o comportamento do hospedeiro para assegurar que atinjam o próximo estágio de seu ciclo de vida.

O *Dicrocoelium dendriticum* viaja para o gânglio da formiga (seu "cérebro") e a força a subir ao topo de uma folha de grama à noite, onde espera até que um hospedeiro herbívoro a coma.

O *Spinochordodes tellinii* parasita um gafanhoto hospedeiro e o faz pular na água para que o verme possa escapar e pôr seus ovos.

Monte Elgon,
Uganda

Mark Reed

Em minha pior desventura, acabei correndo por uma floresta ugandesa quase pelado depois de pisar em um formigueiro para medir uma árvore.

Eu estava trabalhando em um vulcão extinto na fronteira entre Uganda e Quênia. Estudava a recuperação do ecossistema da floresta. Muitas pessoas se refugiaram ali durante a violência civil em Uganda, mas também caçaram e desmataram a floresta. Depois dos problemas, criou-se um parque nacional na área e os fazendeiros tiveram de sair de lá.

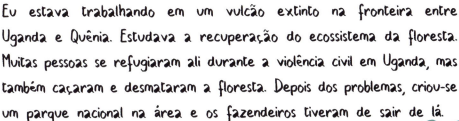

Eu não tinha percebido que havia um formigueiro na base da árvore que estava medindo. Essas formigas têm uma inteligente estratégia de caça em que primeiro escalam sua vítima e depois a mordem todas ao mesmo tempo. Como resultado, não percebi o que estava acontecendo até chegarem ao meu peito.

Elas começaram a morder, então não tive outra escolha a não ser tirar minha camiseta e minhas calças. Acabei correndo pela floresta seminu, gritando, tentando tirar as formigas de mim, enquanto meus colegas ficavam parados e riam!

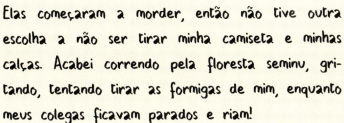

Há histórias sobre essas formigas terem matado galinhas e deixado somente os ossos. Havíamos tido uma experiência naquela mesma semana, quando deixamos nossas mochilas no chão e, ao voltar, encontramos nosso almoço devorado até a última migalha.

COMO MEDIR UMA ÁRVORE

A) Circunferência
Usamos uma fita métrica flexível, similar à de um alfaiate.

B) Altura
Nós nos afastamos o suficiente até ver o topo da árvore, medimos nossa distância até ela e o ângulo e calculamos a altura usando trigonometria!

Angela Bayona

Acidentalmente, fiz xixi numa árvore marcada por uma onça. Fui perseguida pela onça por três semanas. Pode parecer emocionante, mas na verdade é muito assustador!

Tudo aconteceu numa floresta que rodeia rios da região de savana da Colômbia. Na verdade, eu estudo ecossistemas aquáticos, nada a ver com felinos! Meu interesse é na interação entre comunidades aquáticas e terrestres.

Naquele dia, tinha acabado de "me aliviar". A visão daquela onça (*Panthera onca*) pesada, silenciosa e, sobretudo, ameaçadora me fez urinar um pouco mais nas calças. Onças são gatos grandes, os maiores felinos das Américas.

Percebi que a onça estava me seguindo quando passei a encontrá-la toda vez que precisava fazer xixi.
Meus amigos me aconselharam a parar de usar qualquer item que tivesse fragrância. Então, além de tudo, passei o resto dos dias de coleta de amostras sem tomar banho!

Essas semanas sendo perseguida foram assustadoras e, ao mesmo tempo, uma lição de humildade. Os territórios das onças estão diminuindo por causa da expansão das plantações, e elas passaram a ter mais contato com humanos. Então eu estava ciente das grandes chances de encontrar um desses animais majestosos. Não estava ciente da possibilidade de ser perseguida, e me tornar uma presa não fazia parte dos meus planos!

COMO SOBREVIVER A UM ENCONTRO COM UMA ONÇA

Mantenha distância, esteja sempre ciente de seus arredores e fique perto de pessoas experientes.

Caso encontre um felino grande, não o olhe nos olhos e se afaste devagar. Não corra nem dê suas costas para ele!

Condado de Skåne,
Suécia

Caroline Ponsonby

Quando você derrama solução de feromônio em si mesma e se torna o besouro mais sexy de toda a Suécia...

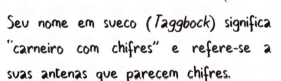

Eu estava estudando um besouro chamado *Prionus coriarus*. A Suécia é um ótimo lugar para estudar ecologia. Lá existem alces, linces, ursos e um monte de adoráveis insetos na porta da sua casa.

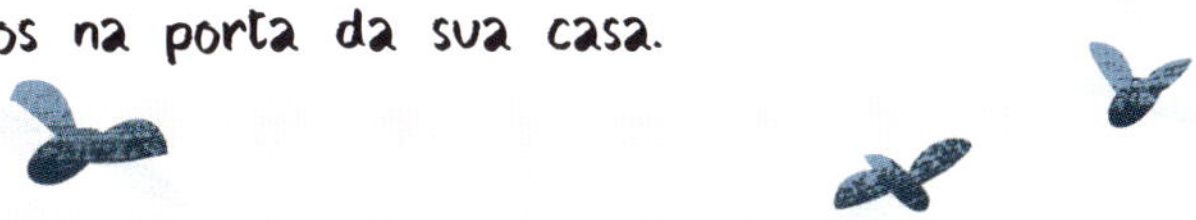

Feromônios específicos podem atrair um grande número desses besouros e tornar a coleta de amostras muito mais fácil. A solução de feromônio era importada da América, e nós colocávamos uma pequena quantidade em cada armadilha. Trabalhávamos em todo o condado de Skåne, então dirigíamos por um tempo terrivelmente longo, e às vezes achar as armadilhas era desafiador.

Devo admitir que, mesmo que tenha derramado um pouco desses caros feromônios em mim mesma, nunca fui seguida por um enxame de besouros libidinosos. Mas colegas me contaram histórias sobre terem seus carros cercados por seu inseto de estudo porque o feromônio sexual estava no porta-malas!

Seu nome em sueco (*Taggbock*) significa "carneiro com chifres" e refere-se a suas antenas que parecem chifres.

Seu nome comum em inglês (*Tanner beetle*) refere-se ao aspecto coriáceo de seu élitro.*

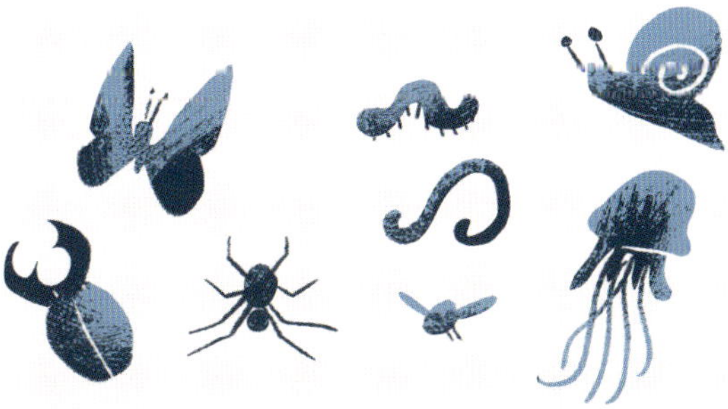

É uma pena que os invertebrados não recebam muita atenção no mundo da conservação, com exceção de grupos carismáticos como as borboletas. Sua esmagadora diversidade de espécies significa que ainda há muito a ser descoberto!

* O élitro é um par de asas endurecidas que não auxiliam no voo, mas protegem as asas posteriores, o tórax e o abdômen.

Santuário de Vida Selvagem Shendurney,
Índia

Aditya Gangadharan

Longo desvio para evitar manada de elefantes. Sucesso! Calma, por que aquelas duas grandes "pedras" cinza perto de nós estão se movendo?

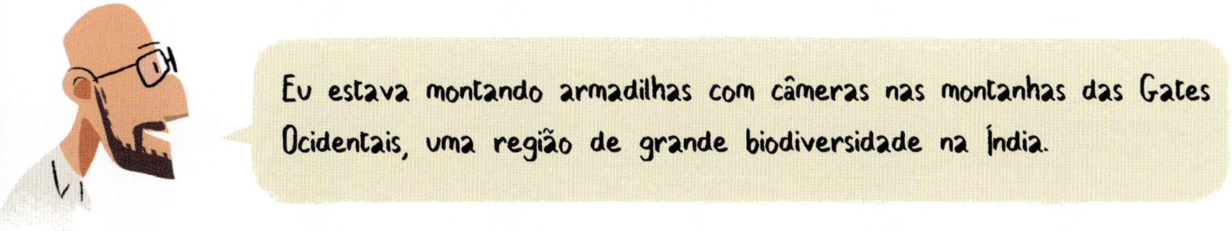

Eu estava montando armadilhas com câmeras nas montanhas das Gates Ocidentais, uma região de grande biodiversidade na Índia.

Estávamos trabalhando na identificação de corredores naturais em estradas, assentamentos e áreas de agricultura para ajudar elefantes e outros mamíferos a atravessar de uma reserva para outra.

Para identificar corredores, você precisa entender as rotas que os animais fazem. Uma maneira é instalar câmeras automáticas em locais por onde acha que os animais podem passar. Essas câmeras tiram fotos quando identificam calor ou movimento. São ótimas para estudar muitas espécies ao mesmo tempo.

NO CAMPO

Dirigimos até o local de pesquisa, depois andamos, rastreamos animais e montamos armadilhas com câmeras. É legal poder viver em lugares lindos e remotos.

NO ESCRITÓRIO

Eu sento e olho para a tela o dia inteiro, analisando e tomando nota de dados. Pode ser desafiador quando você tem uma quantidade enorme de dados coletados por muitas equipes.

Tenho interesse em conservação desde que minha avó me levou a um zoológico quando era pequeno. Meu principal objetivo é a conservação das espécies. A ciência é apenas um meio para um fim.

COLONIALISMO AMBIENTAL

por Aditya Gangadharan

Ustad era um magnífico tigre indiano, muito popular entre os turistas.

Mas também era um comedor de pessoas, conhecido por ter matado moradores locais ao longo dos anos.

Quando as autoridades finalmente o capturaram, turistas e amantes dos animais exigiram que fosse devolvido à natureza.

Muitas pessoas são fascinadas por animais grandes e potencialmente perigosos e querem protegê-los. O problema é:

Pessoas que querem preservar os animais NÃO SÃO **Pessoas que pagam o preço**

- ricas, urbanas, com estudo;
- geralmente de um país desenvolvido;
- sem risco de serem comidas.

≠

- pobres, rurais, sem estudo;
- de um país em desenvolvimento;
- com risco de ferimento ou morte.

Libertem Ustad!
Você quer libertar um comedor de pessoas? E a nossa segurança?

Colonialismo ambiental é quando pessoas privilegiadas aproveitam os benefícios da preservação, mas impõem os custos a pessoas politicamente marginalizadas em países ou regiões pobres.

De modo geral, as pessoas fazem parte do meio ambiente e devem ser parte das soluções de conservação.

Conservacionistas tendem a ser de dois tipos:

Conservacionistas neo-colonialistas autoritários, de orientação *top-down*

Ingênuos que acreditam na coexistência entre humanos e animais selvagens

Expropriem os aldeões! Salvem os tigres!

Comunidades tradicionais nunca prejudicam a natureza! É culpa dos forasteiros!

Ambos estão errados.

A conservação autoritária salvou muitas espécies no passado, mas quase sempre gerando muitos custos aos direitos humanos.

As comunidades locais muitas vezes destruíram vastas áreas quando tiveram chance.

Tendências conservacionistas autoritárias são desafiadas quando se conhece pessoalmente alguém que teve a mãe morta por um elefante.

A ideologia da coexistência é desafiada quando se assiste pessoalmente ao desmatamento das florestas pela população local ano após ano.

A tensão entre essas visões extremistas se dá todos os dias na conservação.

Entretanto, qualquer um que tenha passado algum tempo em campo sabe que posições teóricas e ideologicamente extremas não funcionam na conservação do mundo real.

A conservação deve ser liderada por cidadãos e instituições do país ou região envolvido, que devem trabalhar em parceria com comunidades e especialistas externos.

Mar do Caribe,
costa do México

Alistair Dove

Habilmente apliquei um rastreador via satélite de mil dólares em uma arraia-jamanta. A mesma arraia que eu havia marcado no dia anterior...

Estava perto da costa do México. Recentemente, arraias-jamanta começaram a aparecer em bom número ali, então quisemos rastrear algumas para descobrir aonde iam. Se as arraias estão migrando pelas fronteiras internacionais, precisamos de um plano regional para lidar com elas.

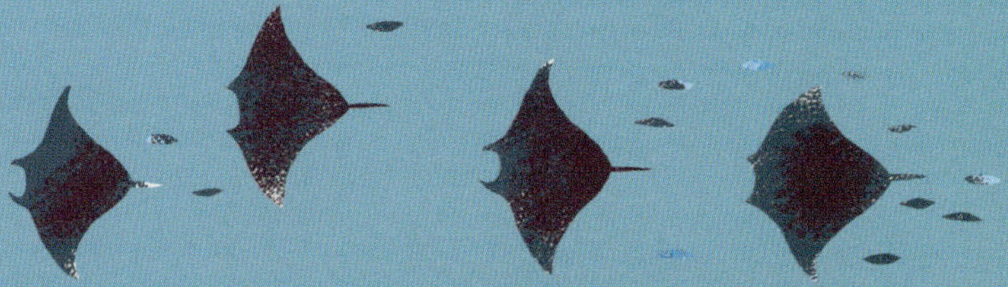

Eu me aproximo delas por trás - como um ninja! - e aplico o rastreador com um tipo de arpão. Os rastreadores são ancorados na pele com uma coisinha de plástico que parece uma peteca minúscula.

O rastreador transmite um sinal eletrônico que é capturado por redes de satélite e determina a localização do animal. Rastreadores são muito caros porque têm um mecanismo complexo e são à prova d'água, projetados para resistir à pressão da água.

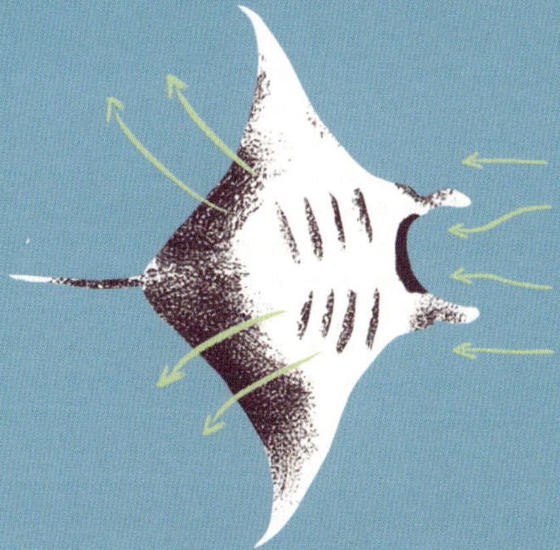

Arraias-jamanta se alimentam como aspiradores. Elas nadam pela água rica em plâncton com sua boca bem aberta. Suas guelras prendem o plâncton e rejeitam a água filtrada.

As manchas na barriga das arraias-jamanta são únicas, como nossas impressões digitais. Cientistas têm uma base de dados automatizada disso, da mesma maneira que o FBI tem de criminosos.

As arraias-jamanta têm uma das maiores proporções cérebro-corpo entre seus parentes. Definitivamente, são mais inteligentes que peixes comuns!

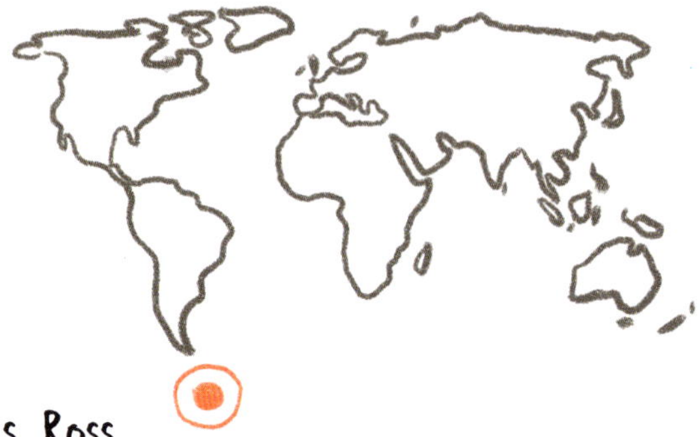

Leste da Ilha James Ross,
mar de Weddell, Antártida

Leo Soibelzon

Coloquei uma foca-de-weddell enorme para dormir com anestésico. Ela mordeu minha bunda, rasgando as cinco camadas de roupa que eu estava usando.

Estávamos viajando em motos de neve sobre a plataforma de gelo; procurávamos focas para coletar amostras biológicas como sangue, cocô, pelo, muco e pele.

Estudamos o papel dos recursos marinhos, como *krill* e peixes, no ecossistema antártico. O *krill* é muito importante ecologicamente, pois está próximo da base da cadeia alimentar.

Com a caça de baleias, as populações de *krill* aumentaram drasticamente, resultando em uma cascata de mudanças no ecossistema. Algumas focas comem *krill*, muitos peixes comem *krill* e focas comem peixes... Tudo está conectado!

Depois que a foca me mordeu, recebi os primeiros socorros de meus colegas. Estávamos acampando no gelo durante nossos dois meses de trabalho de campo, então encontrar assistência médica não era fácil! Mudei para uma base para consultar um médico.

Infelizmente, não há estudos sobre bactérias na boca de focas da Antártida, então o médico me deu um antibiótico geral. Nove horas depois, eu tive febre alta. Passei três dias na cama, depois comecei a me recuperar.

Não há mamíferos terrestres na Antártida. Ursos-polares existem somente no Ártico!

A Antártida é um continente de verdade coberto por gelo e neve. Não apenas uma plataforma de gelo.

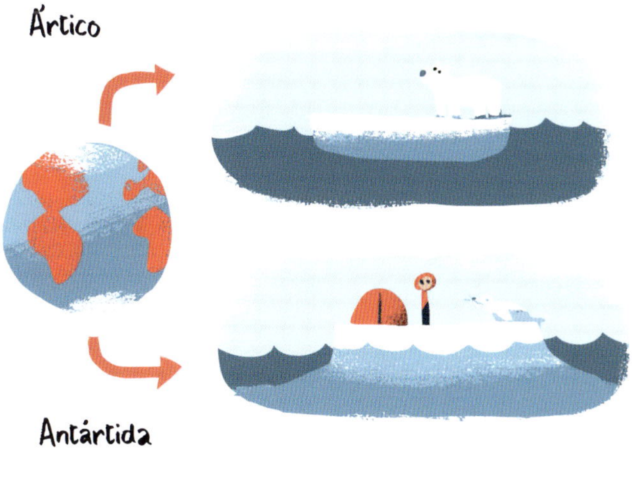

6 PASSOS PARA UMA DESVENTURA ESPETACULAR

por Anne Hilborn

1. Ignore conselhos de pessoas com mais experiência, suponha que você sabe mais.

2. Não cheque seu equipamento, você tem todas as coisas e vai ficar bem.

3. Não verifique as condições climáticas ou, se souber que são ruins, ignore-as. Afinal, se você é bom o suficiente, tempestades, marés ou lama não são problemas.

4. Ignore aquela voz na sua cabeça sugerindo que talvez você devesse voltar. Conseguir os dados o mais rápido possível é a única coisa que importa.

5. Trabalhe mesmo com dor. Aquela mordidinha vai sarar se você ignorá-la por tempo suficiente.

6. Tire fotos.

CIENTISTAS PARTICIPANTES

p. 6

Agata Staniewicz — AgataStaniewicz

Bióloga e doutoranda

Tentando rastrear crocodilos sem ser comida.
Universidade de Bristol

p. 8

Alayne Fronimos — AlayneF

Bióloga da vida selvagem e educadora científica

Espalhando o amor pela biologia uma aula por vez. Agradeço ao Dr. Baccus e à Universidade Estadual do Texas.

p. 10

Lilia Illes — Monkeygeography

Biogeógrafa e conservacionista da vida selvagem

Buscando soluções para a coexistência de humanos e vida selvagem.

p. 1

Trevor S. Valle — Tattoosandbones

Paleontólogo de campo (e *bartender*)

Lembre-se: não importa onde esteja, você está lá.

p. 16

Jessica Ball — Tuff_Cookie

Vulcanologista e divulgadora científica

Observatório de Vulcões da Califórnia, USGS.
http://blogs.agu.org/magmacumlaude

p. 1

Andy Baader — PostAntiquarian

Autor e arqueólogo ocasional

Treinado na Escócia pela Universidade de Glasgow, ferrado pela economia global.

p. 20

Cylita Guy — CylitaGuy

Ecologista de morcegos e doutoranda

Departamento de Ecologia e Biologia Evolutiva

p. 2

Tara Easter — TaraSkye12

Mestranda em sistemas humano-ambientais

Universidade Estadual de Boise

p. 26

Simon Dures — SimonDures

Ecologista de conservação e da paisagem

Geralmente sonhando acordado em áreas selvagens ou sobre elas.

p. 2

Ambika Kamath — Ambikamath

Ecologista comportamental e escritora

Interessada em natureza, pessoas e ciência.
www.ambikamath.wordpress.com

p. 30

Christopher Schmitt — Fuzzyatelin

Bioantropólogo e primatólogo

Ainda escreve em élfico e é professor na Universidade de Boston.
www.evopropinquitous.net

p. 3

Diederik Strubbe — DiederikStrubbe

Biogeógrafo e ecologista de invasão

www.kent.ac.uk/parrotnet/

Gayle Pedersen — RhinoGayle
Geneticista e ecologista de conservação

Com uma inclinação por todas as coisas de rinos e savana africana.

p. 36

Dr. Roxana Arauco-Aliaga
Ecologista tropical e bióloga comportamental

Sempre maravilhada por ver quão frágil uma floresta exuberante pode ser.

p. 38

Dr. Marissa Parrott — Drmparrott
Bióloga de reprodução e conservação

Lutando contra a extinção de todas as espécies ... e uma admiradora de macacos atrevidos.

p. 40

Anne Hilborn — AnneWHilborn
Ecologista de carnívoros

Interessada em sangue, cocô e coisas mortas.

p. 42

Jeffrey A. Stratford — JeffAStratford
Ecologista urbano e da paisagem

http://concreteornithology.blogspot.com/

p. 46

Orlando Zegarra — OrlZegarra
Mastozoologista e ecologista

E grande fã de morcegos.

Museu de História Natural, UNMSM

p. 48

Carrie Cizauskas — CarrieCizauskas
Ecologista de doenças e veterinária

http://cizauskas.com

p. 50

Mark Reed — profmarkreed
Professor de inovação sociotécnica

Universidade de Newcastle

www.profmarkreed.com

p. 54

Angela Bayona-V — AngelaBayonaV
Bióloga, conectando fluxos de água e pessoas

"Nada é misterioso, nenhuma relação humana. Exceto o amor" - Susan Sontag

p. 56

Caroline Ponsonby — LeFunambulist
Aspirante a ecologista

Sedutora sádica de invertebrados saprófagos.

p. 58

Aditya Gangadharan — AdityaGangadh
Biólogo de conservação

Admirador da carismática megafauna.

p. 60

Dr. Alistair Dove — AlistairDove
Biólogo marinho e conservacionista

Apaixonado pela diversidade da vida oceânica.

p. 64

Leopoldo Soibelzon
Biólogo de carnívoros vivos e fossilizados

Apaixonado pela Antártida.

Museu de La Plata, UNLP-CONICET

p. 66

A HISTÓRIA DESTE LIVRO

por Jim Jourdane

Alguns cientistas começaram esta aventura compartilhando suas histórias de trabalho de campo no Twitter, usando #fieldworkfail.

Essas histórias são divertidas. Mais que isso, mostram um aspecto pouco conhecido dos cientistas.

Pessoas que cometem erros. Que surtam ou são azaradas. Ou que ficam animadas com o espetáculo da natureza...

... em completo contraste com os conhecidos estereótipos de cientistas.

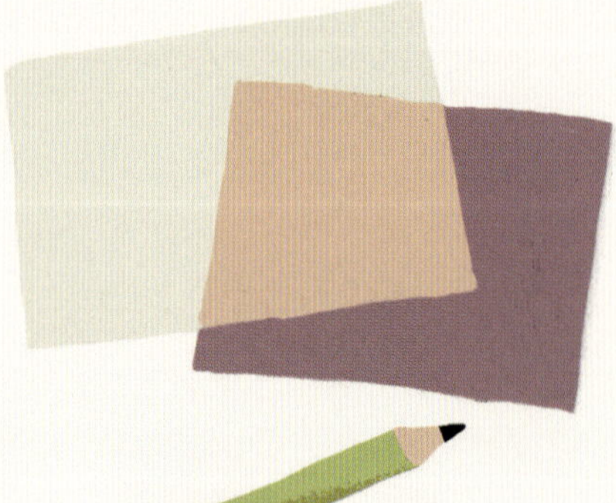

Pessoas que cometem erros: algo com que eu me identifico.
Comecei a ilustrar essas histórias.

Essas ilustrações foram bem-vistas tanto por cientistas como por não cientistas.

Entrei em contato com cientistas de todos os lugares, que também queriam compartilhar suas histórias...

... e fiz algumas perguntas sobre o trabalho de campo deles.

Até fui convidado para passar um mês em uma estação biológica no Peru, para descobrir a natureza do trabalho de campo.

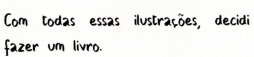

Com todas essas ilustrações, decidi fazer um livro.

Comecei uma campanha de financiamento coletivo para realizar este projeto.

Muitos otimistas deram seu auxílio ou fundos para ajudar a criar o livro que você tem em mãos!

Jim Jourdane

Ao desenhar na floresta amazônica, você tem exatamente cinco minutos até se tornar o novo quartel-general de todos os insetos da região.

SIGA MEU TRABALHO

Fieldworkfail.com

Facebook.com/Fieldworkfail

@JimJourdane

Instagram.com/jimjourdane

Siga também #fieldworkfail para mais desventuras!

Este livro está disponível em

www.blucher.com.br

Escreva para mim!
Eu amo *feedback*!

jimjourdane@gmail.com

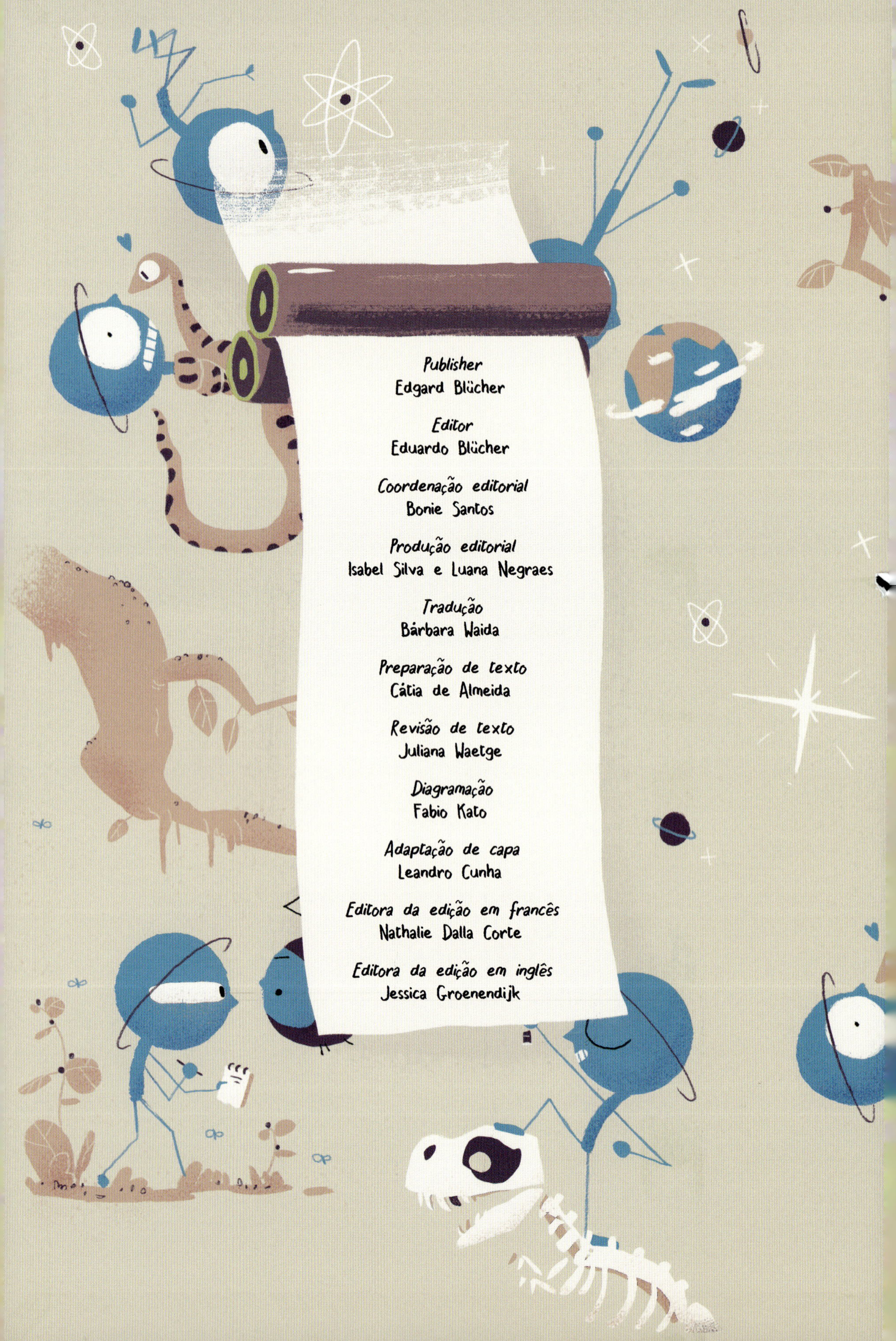

Publisher
Edgard Blücher

Editor
Eduardo Blücher

Coordenação editorial
Bonie Santos

Produção editorial
Isabel Silva e Luana Negraes

Tradução
Bárbara Waida

Preparação de texto
Cátia de Almeida

Revisão de texto
Juliana Waetge

Diagramação
Fabio Kato

Adaptação de capa
Leandro Cunha

Editora da edição em francês
Nathalie Dalla Corte

Editora da edição em inglês
Jessica Groenendijk